Gestión del cambio para principiantes

Entender los procesos de cambio y desarrollarlos de manera activa

Eric Motolinía

Contenido

1. ¿En qué consiste la gestión del cambio?

Vivimos en una época en la que nuestro entorno laboral y personal está cambiando a gran velocidad. Este hecho afecta a nuestras vidas cuando se trata de un cambio de puesto y de lugar de trabajo, pero influye aún más en las empresas y organizaciones. Sus mercados, clientes y proveedores varían de forma tan constante que quienes no sean capaces de adaptarse pronto fracasarán de inmediato.

Para adaptarse hay que estar preparados para el cambio, aunque es más fácil decirlo que hacerlo. No resulta sencillo para muchos empleados ni tampoco para miembros directivos. El propósito de este libro es ayudarte a preparar e implementar con éxito cualquier cambio en una empresa u organización.

Por gestión del cambio se entiende, ante todo, la preparación para los procesos de transformación. No obstante, también es fundamental que conozcas las distintas formas que pueden representar un cambio.

1. Cambio de tamaño: puede ser que la empresa haya cerrado un buen trato, pero que el resultado se traduzca en tener que producir mucho más o bien en expandirse a gran escala. Por tanto, no se trataría solo de un problema logístico y financiero, sino que también afectaría a la cultura empresarial.

2. Cambios en la estructura del personal: no es raro que aparezcan nuevas caras dentro de la dirección o bien, dentro de un «proyecto de jerarquía plana», que los jefes de departamento se conviertan en líderes de equipo. En algunas ocasiones, entra un nuevo gerente que trae a su propia gente: de todos modos, representa un cambio para el que la empresa tendrá que prepararse.

3. Cambios tecnológicos: cada empresa tendrá que actualizar en algún momento su infraestructura de TI, lo que puede acarrear grandes cambios (y mucha resistencia). Pero puede que se implemente una nueva tecnología, como por ejemplo aplicaciones móviles para el personal de ventas o chips RFID para los palés del almacén. En este caso, la gestión del cambio consiste sobre todo en

preparar bien a los usuarios y formarlos como corresponda.

4. Cambios en los procesos: ya sea a través de la introducción de nuevas TI o de reestructuraciones, siempre hay cambios en las empresas que afectan, por ejemplo, los procesos de negocios o los servicios de atención al cliente. Se debe tener en cuenta que los empleados pueden necesitar a la larga una nueva formación, que se ha de involucrar a los clientes y que, por ejemplo, el modelo de negocios deba actualizarse.

5. Cambios debidos a nuevas disposiciones legales: si la legislatura decide promulgar nuevas regulaciones que afectan a una empresa, no puedes cambiarlo. No obstante, puedes prepararte para estos casos porque siempre van a existir. Como ejemplos podemos mencionar la prohibición de clorofluorocarbonos de los frigoríficos y la introducción del catalizador.

Estas son solo algunas de las razones frecuentes por las que un negocio puede cambiar. Y lo común a todas es que se necesita un determinado proceso para controlar estas transformaciones. Esto es exactamente lo que hace posible la gestión del cambio.

En este libro, también analizaremos este aspecto dentro de la coordinación de proyectos, especialmente en las áreas donde se requieren líderes de equipo y partes interesadas. Al fin y al cabo, los proyectos también se pueden tropezar con los mismos problemas y desafíos que en una compañía normal. En la coordinación clásica de proyectos, la gestión del cambio se utiliza para poder llevar a cabo modificaciones dentro del propio proyecto. Se trata de una forma especial de gestión del cambio que se analizará de nuevo al final del libro. Los límites suelen ser flexibles porque cada proceso de cambio se plantea, por lo general, como un proyecto y, en los proyectos, también es importante que las personas finalmente los acepten.

2. Los retos

El que algo quiere algo le cuesta. Tú mismo lo puedes comprobar si intentas cambiar algo en tu vida, pero simplemente no estás listo, o si la situación tal como está ahora te parece bastante «aceptable».

Las organizaciones están constituidas por personas y, por lo tanto, no es sorprendente que haya reservas y oposiciones similares. El gran desafío en la gestión del cambio no es el cambio (la modificación) en sí mismo, sino cómo se puede implementar. Habrá múltiples retos en total a los que tendrás que enfrentarte.

El infierno está lleno de buenas intenciones
A pesar de las buenas intenciones, a veces un cambio puede conducirnos a la dirección equivocada. Esto sucedió, por ejemplo, durante la implantación de los cinturones de seguridad y la obligación legal de utilizarlos: como el vehículo era más seguro, la gente empezó a conducir más rápido y el número de muertes en carreteras aumentó en poco tiempo[1] porque, debido a una velocidad mayor, las lesiones eran también más

---

[1] Bjierklie, D. (2006): The Hidden Danger of Seat Belts. URL: http://content.time.com/time/nation/article/0,8599,1564465,00.h tml [Actualizado: 10-04-2018]

graves. Esto solo podría resolverse mediante varias campañas y controles de velocidad. A propósito, lo mismo pasó con la introducción de los sistemas ABS. Al principio, innumerables vehículos se salían de las curvas porque los conductores pensaban que el sistema ya lo «regularía», pero no tuvieron en cuenta que hasta la mejor tecnología no puede cambiar las reglas básicas de la física.

En la gestión del cambio, tratarás con todos los departamentos de una empresa, pero también con clientes, proveedores y otras partes interesadas a los que necesitarás convencer.

2.1 Alta dirección

A los gerentes y líderes empresariales les gusta exigir a otras personas que realicen cambios para los cuales ellos mismos no están preparados. Un buen ejemplo de ello fue la introducción de correos electrónicos que, al principio, ignoraron muchos altos ejecutivos. Insistían en que los correos electrónicos debían imprimirse para poder seguir escribiendo sus comentarios a bolígrafo. Incluso el redactor jefe de un diario, por ejemplo, se negó a escribir correos electrónicos. Para la correspondencia, en su opinión, ya tenía una secretaria. Pero también puede suceder que la dirección no quiera lidiar en absoluto con ningún cambio. Supongamos que eres el jefe del departamento de TI y que te gustaría suministrarles a los vendedores un mejor software para poder realizar las actualizaciones sobre la marcha. Eso aceleraría los procesos. Ahora bien, puede pasar que la administración no tenga conocimiento acerca de TI y que, por miedo a tomar una decisión equivocada, no adopte ninguna. Más adelante en el libro, aprenderás cómo enfrentar estos y los siguientes desafíos, aunque en este punto se deben abordar brevemente.

2.2 Empleados

Cuanto más grande sea una empresa, cabe esperar más resistencia en caso de cambios. Muchos empleados están satisfechos con el trabajo que tienen y, en particular, no desean ninguna transformación procedente del exterior. Incluso los que aspiran a una carrera dentro de una empresa pueden ser reacios a que se les asigne de manera repentina a un nuevo equipo. Hasta en cambios a pequeña escala, siempre puede haber críticos que te lo pongan difícil a la hora de gestionarlos.

2.3 Departamentos

El departamento único es una especie de pequeña fortaleza en muchas empresas, que trata de defenderse de los enemigos. Aunque no se den cambios, las controversias pueden surgir una y otra vez porque los jefes de departamento no quieren compartir sus áreas de responsabilidad, o porque temen perder poder e influencia (y quizás hasta una parte de su sueldo). Esto también puede producir tener que enfrentarte a un grupo de resistencia cerrado cuando se trate del beneficio de un departamento, y los empleados teman perder parte de su estado actual.

2.4 Condiciones externas

Durante un proceso de cambio, pueden ocurrir perturbaciones externas una y otra vez. Un ejemplo podría ser que, en un proyecto de TI, de repente, los proveedores tienen algún tipo de problema y no pueden entregar las nuevas calculadoras. Pero también puede suceder que una empresa que realmente quiera crecer pierda de manera repentina el crédito que le haría falta para el crecimiento. No obstante, a veces también pueden acontecer desastres naturales como la inundación del siglo o un huracán que pueden paralizar una empresa durante días. Por suerte no se trata de algo habitual, pero puede suceder y sería bueno estar preparado para ello. Como ejemplo, podemos citar la compañía estadounidense Squarespace, que ofrece alojamiento y paquetes completos de sitios web. Cuando en Nueva York se desató la tormenta del siglo por el huracán Sandy y hubo un corte en la electricidad, el generador arrancó, pero, después de unos días, los pisos inferiores se inundaron y los surtidores de gasoil fallaron.

Para mantener los servidores en funcionamiento, los empleados comenzaron a bombear bidones de gasoil en 17 pisos, solo para garantizar que hubiera la menor cantidad posible de apagones.

3. Los requisitos

Para que sea posible cambiar algo, se deben cumplir ciertas condiciones. No todas las ideas se pueden implementar, ni todos los cambios tienen sentido. A veces te encontrarás con la carencia de los recursos necesarios y otras, simplemente, con la falta de presupuesto para tu proyecto.

3.1 Tamaño y volumen

Para que una gestión de cambios funcione, el proyecto necesita tener un cierto volumen. Por ejemplo, si solo deseas reformar la cocina de la oficina, no tiene que iniciar un proceso de cambio Por otro lado, la salida a bolsa de una empresa supone un cambio, pero no se puede lograr solo con la gestión del cambio.

No hay un tamaño fijo que muestre a partir de cuándo es adecuado un proyecto para la gestión de cambios, pero hay algunos factores que puedes considerar.

1. El cambio debe afectar a varios empleados.
2. El cambio es sostenible y no temporal.
3. El cambio pasa por varios niveles jerárquicos.

4. El cambio es esencial y relevante para la empresa.

Aunque las nuevas camisetas de los empleados de un almacén afectan a muchas personas, no son esenciales. La subcontratación de dos empleados en otro proyecto durante un período de dos semanas no es sostenible. Un buen ejemplo sería cuando la dirección decide cerrar las oficinas exteriores y reubicar al personal en la sede central. Aquí, se verían afectados muchos empleados, varios departamentos y áreas de responsabilidad, por lo que el cambio duraría por lo menos un determinado tiempo y serían absolutamente esencial para la compañía.

3.2 Recursos

La mayoría de los cambios en una empresa se inician como un proyecto de vida, y a este proyecto se le asignan recursos específicos, como por ejemplo personal, locales y un presupuesto fijo. Sin embargo, la gestión del cambio no es un proceso que se ejecuta dentro de un proyecto, sino que es paralelo a él y, en consecuencia, requiere sus propios recursos. De hecho, la implantación de un nuevo software precisará de formadores, pero la manera exacta en la que se implemente la formación en la práctica podría ser tarea de la gestión del cambio y necesita las habilidades y la mano de obra apropiadas para enfrentarlo.

En la práctica, experimentarás que la gestión del cambio y la planificación del proyecto suelen verse como una entidad única. Eso tiene sentido porque hay solapamientos. Pero la gestión del cambio consiste en definir las condiciones bajo las cuales se puede implementar el proyecto. Por eso es necesario que también cuentes con los recursos necesarios para ello. La mayoría de las veces solo hace falta un equipo bastante pequeño para el proceso de gestión de cambios, pero también se debe conceder la libertad temporal para poder ejecutar el trabajo correspondiente.

3.3 Definiciones de objetivos

Es indispensable tener un objetivo claro para el éxito de un proceso de cambio. Frases vagas como «optimizar el almacén» o «fortalecer las tiendas» difícilmente despertarán el entusiasmo entre los empleados. Cuanto más claros y específicos sean los cambios, más fácil será desarrollar estrategias para implementarlos. Por ejemplo, si deseas distribuir los productos de la compañía a través de una tienda en línea, también es importante mencionar las expectativas correspondientes. Un objetivo bien formulado podría ser el siguiente: «Con nuestra nueva tienda en línea, queremos aumentar las ventas en un 10 por ciento y ganar 100 nuevos clientes al mes». Cuantos más objetivos específicos se definan, más fácil será su comunicación a todos los participantes y la comprensión por parte de estos.

Se vuelve más difícil cuando se trata de reorientar la cultura corporativa en una nueva dirección. Cuanto más leves sean los cambios, más concretos deben ser los resultados esperados. Por ejemplo, si deseas que los empleados estén más orientados a los proyectos, se debe indicar claramente qué se espera de ellos y cómo la empresa, así como los propios empleados, pueden beneficiarse de ello. Para eso, sería posible la siguiente definición: «La orientación del proyecto nos permite servir a nuestros clientes de una manera más eficiente y personal, y los empleados se benefician de una mayor libertad y variedad. Asimismo, esperamos ser aproximadamente un 25 por ciento más efectivos en la ejecución del proyecto».

4. Los modelos

El término gestión del cambio creció en la década de 1960 y se desarrolló a partir de diversas teorías de gestión, aunque también a partir de la psicología. Han surgido varios modelos importantes que intentan describir el tema con diferentes enfoques.

4.1 El modelo de 8 pasos de Kotter

Uno de los modelos más conocidos para la gestión del cambio tiene su origen en el profesor estadounidense John Kotter. Es profesor de la Escuela de Negocios de Harvard y dirige su propia empresa de consultoría con sede en Boston y Seattle. En 1996 publicó su libro «Leading Change», que se convirtió en la lista de los más vendidos en muchos países y lo convirtió en una especie de gurú de la gestión del cambio. En su libro, formuló 8 pasos que deben tenerse en cuenta en un proceso de cambio:

1. *Establish a Sense of Urgency*: crear sentido de urgencia

2. *Create the Guiding Coalition*: formar un equipo de liderazgo

3. *Develop a Vision and Strategy*: desarrollar una estrategia y una visión

4. *Communicate the Change Vision*: comunicar la nueva visión

5. *Empower Employees for Broad-Based Action:* proporcionar a los empleados todo lo que necesitan

6. *Generate Short-Term Wins*: generar éxito a corto plazo

7. *Consolidate Gains and Produce More Change*: consolidar logros y producir más cambios

8. *Anchor New Approaches in the Culture*: anclar el nuevo comportamiento en la cultura de la empresa

Según Kotter, el primer paso para «crear el sentido de urgencia» es fundamental: solo cuando los empleados afectados entienden que se ha de dar un cambio lo antes posible, también se darán cuenta de que hay una necesidad. Así se acumula la presión del tiempo que, generalmente, conlleva una mayor cooperación.

Además, se debe establecer un equipo de liderazgo que esté preparado para romper con las estructuras establecidas. En este sentido, deberás reunir a todos los que sean más capaces de propiciar cambios y de comunicarse.

Solo cuando las personas adecuadas están a bordo, puedes formular lo que realmente deseas cambiar en una visión y en una estrategia. La visión debe ser precisa y clara, y la estrategia debe adaptarse a las limitaciones de tu empresa.

Comunicar los procesos de cambio de una manera comprensible suena más fácil de lo que es porque, por un lado, habrá mucha resistencia y, por el otro, no se habla el mismo idioma en todas partes. Es todavía más importante que formules la visión de tal forma que todos los participantes puedan entenderla.

A los empleados también se les debe proveer con todo lo que necesitan para el proceso de transformación. Por lo general, se trata de distintas formaciones y prácticas, pero a veces también de nuevas oficinas y nuevos ordenadores y, en el sector de la industria, posiblemente además de instalaciones de producción y puestos de empleo nuevos. Además, se necesitan ciclos de retroalimentación que permitan a los empleados interactuar con el equipo directivo.

Para mantener las buenas costumbres, algunos de los objetivos se deben formular de tal manera que puedan alcanzarse con bastante rapidez. Estos hitos a corto plazo ofrecen a los empleados un sentido de logro y, al mismo tiempo, demuestran que se está en el camino correcto. Además, es frecuente que los escépticos también consigan cambiar de opinión.

Cuando se registran los primeros éxitos, estos deben igualmente reafirmarse. Por ejemplo, si los representantes de ventas usan el nuevo software, también deberían formar a continuación a sus compañeros para dejar de utilizar por completo el programa anterior.

Después de todo, es importante no solo lograr el objetivo final, sino también anclar el método en que se han logrado las modificaciones en la cultura corporativa. Se trata de un aspecto especialmente útil si hay otro proyecto de gestión de cambios pendientes en el futuro.

El modelo de Kotter es considerado uno de los modelos más utilizados. Pero, como cualquier modelo, también tiene puntos débiles, y uno de ellos es que siempre apunta en una sola dirección y por lo tanto no permite ningún retroceso ni ciclos de retroalimentación. Además, este modelo se comunica principalmente de arriba a abajo, y no se plantean iniciativas en la dirección opuesta.

Kotter desarrolló su modelo basado en las ideas de Kurt Lewin.

4.2 El modelo de 3 pasos de Kurt Lewin

Kurt Lewin fue un científico social que se considera el fundador de la psicología social. Fue uno de los primeros en tratar el tema de la dinámica de grupos y la psicología organizacional. En un artículo de 1947, describió por primera vez los tres pasos de los procesos de cambio. Estas etapas también formaron la base para el modelo de ocho pasos de Kotter.

Estas tres fases son:

Unfreeze – Change – Defreeze
o en español:
Descongelar – Cambiar – Consolidar

Pero, como no se trata de tener que lidiar con alimentos congelados, a continuación se detallan algunas explicaciones adicionales de cada fase.

Descongelar
La primera fase consiste en tratar de hacer ver a tu empresa y a tus empleados que es necesario realizar un cambio. Pero también tendrás que romper el estado actual y analizar a fondo en qué áreas son realmente apropiados los cambios. Esto sirve para preparar la fase

de cambio real, y se tendrá que entrevistar los empleados así como formular y comunicar una estrategia.

Cambiar

Una vez que se han dispuesto todos los preparativos, cuando todos los involucrados saben lo que se avecina y se garantiza su apoyo, comienza la fase de cambio real. En esta parte, es importante que los procesos de transición se controlen de cerca y que sean seguidos por los responsables.

Consolidar

En la tercera fase, se deben asegurar los cambios logrados. En este paso, se trata de que las innovaciones empiecen a formar parte de la rutina, que lo nuevo se convierta en lo normal. A veces, este proceso puede llevar más tiempo de lo planeado.

4.3 Modelo de las 7 S de McKinsey

Cuando dos consultores, Tom Peters y Robert Waterman, trabajaron en la consultoría McKinsey en la década de 1980, descubrieron que en las organizaciones siempre hay procesos similares que se ejecutan para generar éxito. A partir de esta idea, desarrollaron el modelo de las 7 S, que también se utiliza para la gestión del cambio.

Se diferencia entre factores emocionales y factores racionales.

Los factores racionales son:
- estrategias
- estructuras
- sistemas

Los factores emocionales son:
- valores compartidos *(Shared Values)*
- habilidades *(Skills)*
- estilo
- personal *(Staff)*

Por regla general, los factores racionales son más fáciles de representar, por ejemplo, como estrategia escrita o diagramas y gráficos de los procesos, mientras que los factores emocionales son más difíciles de comprender. El objetivo principal de los consultores era transmitir que los 7 factores son interdependientes y compatibles.

Como ejemplo ilustrativo de este apartado, puede servir un nuevo sitio web de una compañía: es bastante fácil, de acuerdo con la estrategia corporativa, definir la dirección de los objetivos, cuáles y cuántas páginas se necesitan y qué requisitos de TI son necesarios. Sin embargo, el sitio apenas contará con contenido por parte de los empleados si no comprenden en qué medida se verán afectados o si ni siquiera saben cómo iniciar sesión. Si las instrucciones solo vienen como órdenes superiores, esto también se convertirá en un obstáculo. Y, finalmente, solo se necesitan empleados que en realidad puedan colaborar en el proyecto.

Aunque puede parecer lógico a primera vista, los factores emocionales son los que a menudo se olvidan o se subestiman.

Todos estos modelos no representan instrucciones, sino que sirven para ilustrar el marco en el que pueden darse los cambios. Tampoco compiten entre sí, sino que simplemente muestran diferentes enfoques y perspectivas para transmitir el mismo contenido.

4.4 Tipología de cambio de Dunphy y Stace

Los dos científicos Dexter C. Dunphy y Douglas A. Stace intentaron desarrollar un enfoque más amplio: asumieron que ninguna organización es como la otra y, por lo tanto, hay diferentes maneras de abordar e implementar los cambios. Además, recomiendan que las empresas adapten sus estrategias de cambio a sus respectivas condiciones ambientales para lograr un estado que ellos designan «ajuste óptimo».

Estilo colaborativo: el liderazgo colaborativo consiste en involucrar a la mayor cantidad de empleados posible, especialmente cuando se trata de decisiones importantes, tanto en términos del futuro de la empresa como de los próximos cambios.

Estilo consultivo: aquí los líderes de la empresa consultan a sus empleados, pero no como parte de un proceso en la toma de decisiones, sino solo como proveedores de retroalimentación. Los empleados tienen poca influencia en las mismas decisiones, por ejemplo cuando se trata de conocimientos especializados.

Estilo directo: estas empresas están «gobernadas» de arriba a abajo, es decir, a los empleados se les indica lo que tienen que hacer y hay pocas oportunidades para moldear el futuro de la empresa. Aquí se utiliza la autoridad de la dirección para aplicar decisiones.

Estilo de presión y obligación: si bien existe al menos la posibilidad teórica de contradecir el estilo directo, el estilo de presión obliga a los empleados a hacer algo sin estar implicados en el proceso correspondiente.

 La presión puede proceder de la propia dirección o de consultores que hayan estado comprometidos con un proyecto.

Basados en estos estilos diferentes, los dos investigadores formularon métodos apropiados para implementar los cambios.

Los cambios graduales son mejores cuando una organización ya está modernizada en gran parte, se encuentra en el ámbito de «ajuste óptimo» y solo son necesarios cambios menores. No se trata de pasos rápidos y amplios.

Los cambios de transformación pueden ser precisos cuando una empresa está fuera de su ámbito de «ajuste óptimo». En este caso, es posible que no solo se necesiten adoptar unas pocas medidas pequeñas, sino además profundos cambios.

Los cambios de colaboración son apropiados cuando afectan sobre todo a los empleados y cuando se trata de menos procesos. Estos deben incluirse lo antes posible. Y lo mismo se aplica si hay muchas partes interesadas distintas.

El **estilo directo** siempre se recomienda cuando se espera una gran resistencia, aunque los cambios se necesiten con urgencia. Sin embargo, no es adecuado para grandes proyectos y cambios de gran alcance, porque en este caso la moral de los empleados se podría ver muy afectada.

De ellos derivaron cinco tipos de cambio diferentes:

Taylorismo: cuando los cambios son pequeños, pero deben cumplirse a rajatabla

Transición gradual: cuando se trata de empleados y, por lo tanto, solo se puede realizar despacio.

Transición orientada a la tarea: cuando se trata de nuevos productos y nuevos procesos.

Transición carismática: cuando hay que apoyar un cambio sobre todo con entusiasmo.

Cambio de sentido: si solo a través de la autoridad de la dirección se puede hacer cumplir un cambio; especialmente en las decisiones estratégicas que afecten el futuro de la compañía.

Todos los modelos tienen sus ventajas y desventajas, y cada modelo también ha generado críticas. Aunque describen métodos, no pueden comprobarse empíricamente. Sin embargo, son imprescindibles para entender los mecanismos intrínsecos en un proceso de cambio.

Supongamos que tu empresa tiene que mudarse porque se rescindió el contrato de alquiler. Va a existir una nueva oficina y esto probablemente costará un poco más. ¿Cómo describirían los modelos ese tipo de cambio?

Si sigues el **modelo de Kotter**, primero debes establecer la urgencia (Paso 1), que es bastante fácil dada la finalización del contrato de alquiler. A continuación, necesitas un equipo que planifique la mudanza y busque una nueva oficina (Paso 2). No requiere una gran estrategia ni visión (Paso 3), pero al menos una idea de lo que la nueva oficina debería ofrecer (por ejemplo, una mejor conexión a la red de transporte, más luz natural, más espacio, más restaurantes por la zona, aparcamiento subterráneo, etc.).

El siguiente paso es comunicar la información y los empleados pueden contribuir con sus ideas (fase 4). Pueden surgir obstáculos (Paso 5), como por ejemplo para los empleados que estén en desventaja en el futuro porque vivían muy cerca de la oficina hasta ese momento y ahora no por el cambio, o porque no tendrán su propia oficina en las nuevas instalaciones (tendrás que despejar estos obstáculos con largas conversaciones).

Un éxito a corto plazo (Paso 6) podría ser en este caso reunir una lista de las tres mejores propiedades, o redactar juntos una lista de requisitos. Finalmente, hay que planificar la nueva oficina (Paso 7), y después de la mudanza, organizarla cómodamente (Paso 8).

Por otro lado, si sigues el modelo de **Dunphy y Stace**, primero debes verificar qué estilo de liderazgo tienes. Si las decisiones suelen debatirse con los empleados, entonces usarás un estilo más colaborativo. Sin embargo, si apremia el tiempo y ya has encontrado una oficina equivalente, el estilo directo puede acelerar el proceso. En todo caso, este enfoque puede, naturalmente, generar más disgusto que si los empleados participaran y se les preguntara su opinión de antemano.

Por supuesto, eres libre de seguir el modelo que quieras. En la práctica, comprobarás de todos modos que ninguno de los modelos se ajusta al 100 por ciento de tu proceso de cambio. Por lo tanto, es probable que utilices una combinación de todas las técnicas presentadas.

En la mayoría de los casos, el cambio no es posible sin la comprensión de que los hábitos también deben modificarse. Ahora bien, cualquier persona que no quiera cambiarse a sí mismo ni su trabajo será difícil de convencer. Esta es precisamente la tarea principal de la gestión del cambio: motivar a los empleados y emprender un viaje.

Un ejemplo de Vietnam muestra que, en ocasiones, el cambio puede darse solo con presión: allí se había introducido en 2008 la obligación del casco, aunque en realidad ya existía desde antes, pero casi nadie lo había cumplido. Entonces, se anunció que, a partir del 1 de noviembre, la policía verificará el uso del casco obligatorio. El 30 de octubre en Hanói y Saigón, todavía se podía ver a millones de motociclistas sin casco; un día más tarde, casi todos se pusieron el casco. También fue útil que los comerciantes ingeniosos vendieran cascos en cada intersección. El temor a ser detenidos por la policía y, posiblemente, a perder su motocicleta por una confiscación era tan grande que fue suficiente para cambiar ese comportamiento. Un ejemplo similar fue la introducción de catalizadores para vehículos y frigoríficos sin clorofluorocarbonos: solo las leyes ayudaron a cambiar los hábitos de compra de manera sostenible.

5. El proceso

El verdadero trabajo en la gestión del cambio tiene lugar antes de cualquier transformación. Cambiar algo es mucho más fácil si se ha hecho el trabajo preliminar necesario. Esto requiere un determinado proceso, que, de forma similar a la gestión de proyectos, describe el método que debes seguir para poder implementar el cambio de forma positiva. El modelo exacto por el que optes de los mencionados anteriormente, aunque quizás no elijas ninguno de ellos, no es determinante porque el proceso es similar en todos los casos.

El proceso describe cómo se planifican y aplican los cambios, pero no necesariamente cuándo. En la mayoría de los casos, se realiza en una gestión de proyectos por separado. Las tareas del proceso de cambio consisten en propiciar las condiciones para que la transformación se pueda implementar rápido y, lo más importante, de la mejor forma posible.
La buena gestión del cambio se debe preparar lo antes posible en su fase de implementación.

Como comprobarás, no tiene mucho sentido posponer los cambios necesarios, como el traslado de la producción a medios ecológicos, durante demasiado tiempo, ya que incluso durante la planificación las condiciones pueden variar, por ejemplo, cuando se introduce nueva tecnología.

La duración de la gestión del cambio en un proyecto depende del propio proyecto. Normalmente, está sujeta a la fase de planificación del proyecto y luego se ejecuta como una especie de proceso de supervisión junto al trabajo real del proyecto o a las medidas de cambio.

5.1 Definición del problema

Antes de comenzar con la gestión del cambio, conviene que reflexiones sobre el problema existente. ¿Es lo bastante importante y grande como para poner en marcha un proceso de cambio? ¿Se trata incluso de un problema decisivo y hay oportunidades de abordarlo? Debes analizar y evaluar el problema con mucha precisión. Un proceso de cambio que se supone que resuelve un problema que es demasiado pequeño o demasiado grande también puede tener efectos negativos. Si es demasiado pequeño, los miembros del equipo preguntarán por qué deben perder su tiempo en él. Si es demasiado grande, podrán agobiarse por el peso de la responsabilidad. Por lo tanto, sería mejor que los cambios muy grandes se dividieran en proyectos más pequeños para reducir la presión.

Aquí se presentan algunos ejemplos de problemas en compañías que necesitan una gestión de cambios:

Problemas de TI: ya se trate de un nuevo software o de un nuevo hardware, como los lectores RFID en almacenes, las empresas siempre se enfrentarán a grandes desafíos cuando marcan una diferencia en el sector de las TI, aunque solo sea porque existe un tipo de aversión natural de los empleados a las tecnologías de la información y de la comunicación en general. Por eso, para problemas relacionados con las TI, se debe prestar especial atención a si los empleados se ven afectados (como suele ser el caso) y en qué medida. La instalación de una actualización no necesita una gestión de cambios, pero la readaptación a Google Suites sí lo requiere.

Problemas de producción: ocurre cada vez más que las instalaciones de producción se han de renovar o incluso reemplazar. A pesar de que la resistencia emocional suele ser inferior en este aspecto, los empleados deben recibir la consecuente formación. Tendrás que comprobar con exactitud hasta qué punto están cambiando las nuevas instalaciones los procesos existentes. No obstante, a veces es suficiente querer optimizar los procesos de producción actuales para considerar una gestión de cambios. En cualquier caso, varios empleados se deberían ver afectados por la necesidad.

Problemas de distribución: algunos expertos en gestión del cambio señalan que la variación es la parte más difícil del sector de las ventas porque es donde hay mayor la resistencia. Los vendedores generalmente trabajan de manera muy independiente y están convencidos de sus aptitudes. Los cambios deben ser lo bastante importantes como para aceptar conflictos en la adquisición. Puede tratarse de un nuevo software que se ha de utilizar, o de técnicas y estrategias de ventas completamente nuevas. Un ejemplo. Un banco decidió ser más amable con sus clientes. Para sus sucursales, esto se traducía en que ya no existirían más escritorios y tareas fijas. Cada empleado debía saludar y ayudar a los clientes que entraran en la oficina, aunque solo fuera para desviarlos a un experto. Seguro que te puedes imaginar las críticas que surgieron al principio.

Problemas de organización: cuando se trata de modificar las estructuras existentes dentro de un negocio, la resistencia está casi garantizada. Nadie quiere abandonar de forma voluntaria su pequeño mundo que ha construido a lo largo de los años. Cuanto más importantes sean los modificaciones, más probable será que se requiera una gestión de cambios. A modo de ejemplo, podemos exponer la siguiente situación: los departamentos de marketing y de desarrollo de productos se van a fusionar para mejorar la comunicación interna. Esto puede implicar cambios espaciales, pero posiblemente también de las circunstancias personales. Debes ser capaz de explicar las buenas razones para fusionar estos dos departamentos. Y puede tratarse de datos o, simplemente, de resultados convincentes del trabajo diario.

Problemas que vienen del exterior: muy a menudo, los problemas no son internos, sino que vienen de forma impredecible desde el exterior. Podría darse el caso de que tu proveedor principal quiebre de repente y te deje sin materias primas, o que una empresa emergente esté intentando conquistar tu mercado. La globalización y la transformación digital son los mayores desafíos a los que se enfrentan las empresas hoy en día. A esto se añade la inestabilidad. No obstante, los aspectos legales o regulatorios también pueden desempeñar un papel importante. Si, por ejemplo, quieres conseguir una certificación ISO, se producirán cambios drásticos. La obligación en Alemania de indicar las cookies dentro de los sitios web, y el requisito para obtener el consentimiento de los visitantes, fue una medida que causó gran estrés entre los desarrolladores durante un periodo corto (casi todas las páginas web alemanas tuvieron que cambiarse).

Puedes estimar mejor la trascendencia y el alcance de los problemas respondiendo a las siguientes preguntas:

- ¿Cuál consideras que es el problema principal?
- ¿Cómo te diste cuenta del problema?

- ¿El problema solo se puede resolver a través de algunos cambios?

- ¿Cuál es la causa del problema?

- ¿A cuántos empleados crees que les afecta el problema?

- ¿Qué importancia tiene en una escala del 1 (no importante) al 5 (muy importante)?

- ¿En cuánto tiempo piensas que se puede solucionar el problema (días, semanas, meses)?

Cuando se habla de problemas en la gestión del cambio, siempre se trata del proceso de transformación y no del proyecto en sí.

5.2 Evaluación de la situación actual

Si crees que el problema es lo suficientemente grande o lo bastante importante y que se necesita una gestión del cambio, entonces habrá que comprender la situación real y la magnitud del problema. Se trata de un paso muy importante que se suele tomar a la ligera, lo que puede acarrear al final serios inconvenientes.

El proveedor de servicios de transporte Uber había transferido su negocio en el sudeste asiático a su competidor Grab (y también tenía acciones aseguradas en la empresa). La idea básica era que todos los conductores se fueran a Grab y también ofrecer que sus propios empleados continuaran trabajando allí. Se pensaba que la oferta era tan buena que no haría falta una elaborada gestión de cambios. Pero no funcionó como estaba previsto: algunos aceptaron la oferta, pero otros se dirigieron a un tercer vendedor, Go-Jek, que aprovechó la oportunidad y captó a los empleados.

Uber no había pensado en las necesidades ni los deseos de los empleados, sino que simplemente asumió que conseguirían el mismo trabajo pero con un nuevo nombre. Sin embargo, el cambio que vieron los empleados consistió en tener que embarcarse en una nueva cultura corporativa. Grab se presentó como un competidor de mala fama durante mucho tiempo. Go-Jek, por otro lado, era una empresa emergente, demasiado pequeña como para que Uber la considerara importante. Sin embargo, muchos conductores la vieron de manera diferente: en el pasado, siempre se les decía que Grab era mala y que nunca deberían trabajar allí, por lo que al final, la empresa emergente se convertía en una mejor opción para ellos.

Incluso si crees que hay muchos argumentos buenos para un cambio y realmente son obvios, eso no significa que sus empleados lo vean de la misma manera. Además, incluso si lo crees, es probable que no estés al tanto de todo lo que en realidad está sucediendo en tu empresa. Cuanto más alto sea tu puesto, mayor será la probabilidad de que solo escuches de tus empleados lo que quieres o deberías escuchar.

Pero hay algunos métodos para averiguar qué quieren realmente tus empleados sin tener que aterrorizarlos. Es recomendable contratar a alguien que esté más cerca de los más afectados que tú mismo.

5.2.1 Encuestas

La forma más fácil de hacerte una idea del estado de los empleados es a través de encuestas. Puedes elaborar una encuesta normal y luego enviarla por correo electrónico. Esto tiene la ventaja de que puedes comunicarte con todos los empleados e incluso obligarlos a participar en la encuesta. La desventaja es que solo hay respuestas a las preguntas que se han formulado y apenas hay comentarios. Asimismo, existe el peligro de que las respuestas se sobrecuantifiquen porque de manera inconsciente prestas atención a las mayorías, en lugar de analizar el fondo de las respuestas.

Si realizas encuestas, las preguntas deben meditarse bien. No deben contener ninguna preferencia. El propósito no es preguntar qué piensan los empleados sobre tu idea de cambio. El objetivo es comprender si ven la situación real como la ves tú.

En un diario, uno quería volverse más moderno e involucrar más a los redactores en el entorno online. «Online-First» (online primero) fue la nueva estrategia. Los redactores, en cambio, estaban acostumbrados a trabajar con un plazo editorial nocturno y se pasaban el día investigando y editando artículos hasta que todo fuera perfecto. Así era como habían funcionado durante décadas. Ahora surgía la idea de redactar artículos en línea desde por la mañana.

Una encuesta sería útil para verificar si los recursos necesarios están del todo disponibles. Algunas preguntas de la encuesta eran:

«¿De dónde obtiene la información para los artículos?»

«¿Cuándo recibe la información?»

«¿Toda la información es exclusiva?»

«¿Cuánto tiempo se tarda en escribir un artículo de 300 palabras?»

«¿Qué es lo primero que hace cuando llega a la oficina?»

«¿Cuál es el grado de especialización de su departamento?»

Las respuestas evidenciaron que llega alguna información sobre las agencias de noticias, que están disponibles por la mañana y que no son exclusivas. Así que sería fácil ponerlas en internet en ese mismo momento. Sin embargo, otros datos informativos, sobre todo de historias exclusivas, requieren casi todo el día para ser recopilados. Por lo tanto, no se pueden poner en línea de inmediato.

También demostró que, debido al cierre de la redacción de la tarde, los redactores suelen comenzar el día despacio al principio, ya que saben que de todos modos terminará siendo estresante. Y casi todos señalaron que se necesitan muchos conocimientos especializados en su departamento.

El periódico decidió, después de otras encuestas y entrevistas, que los redactores debían escribir en internet todo lo que fuera posible especialmente acerca de material no exclusivo, pero de acuerdo con su propia evaluación. Se organizaron de tal manera que algunos de ellos ya escribían artículos por la mañana de forma que tenían menos trabajo durante la noche. También se hizo obvio que las referencias a los conocimientos especializados imprescindibles eran más atribuibles al pensamiento del departamento: uno no quería que otros lo persuadieran en su propio trabajo. Como consecuencia, los redactores de todas las áreas se reunieron en una sala de redacción para que pudieran trabajar allí, pero no exclusivamente, a través de departamentos. Pero aún se mantenían los escritorios «viejos» a los que podían retirarse si necesitaban tranquilidad para investigar y escribir una historia completa.

Lo que puede aprender de esto es que las preguntas deben formularse de manera muy precisa, y también debes ser capaz de interpretar las respuestas de forma correcta.

5.2 Entrevistas

Un método más prometedor, sobre todo para las pequeñas y medianas empresas, son las entrevistas. Se diferencian de las encuestas en que hay menos participantes, pero las respuestas son más detalladas y, en su mayoría, de mejor calidad. Si deseas reestructurar un departamento con 10 empleados, puedes hablar con todos los empleados.

Las entrevistas deben ser individuales. Puedes escribir las preguntas con antelación, aunque es más importante escucharlas. En esta etapa, no se trata de escuchar la opinión sobre un cambio planificado, sino de lo que piensan los empleados sobre la situación real. Por eso, las entrevistas se ven más como conversaciones.

Una empresa de TI tuvo el inconveniente de que no podía procesar los pedidos lo bastante rápido y, por ese motivo, los clientes no estaban satisfechos. La empresa se dedicaba a instalar soluciones wifi en los hoteles: el mercado era grande y también la demanda. El CEO (director ejecutivo) convocó una reunión con todos los jefes de departamento y preguntó cuál era el problema. Ninguno pudo darle una respuesta. Sugirió introducir una gestión de proyectos que ya había comprado. Después de dos semanas, resultó que nadie lo utilizaba y los problemas seguían siendo los mismos.

Un consultor para la gestión de cambios se sentó con cada jefe de departamento por separado y sin el CEO. Se les preguntó cómo estaban los procesos en ese momento. Pronto se hizo evidente que los vendedores no entregaban sus ventas lo suficientemente rápido a los técnicos y al almacén. Por lo tanto, no había ningún rúter en stock y a los técnicos se les había dicho solo un día antes que debían instalar wifi en un hotel, lo cual era imposible.

La solución fue simple: se crearon equipos de cada departamento que serían responsables de varios clientes. Si los vendedores llegaban con una nueva venta, informaban de inmediato a su equipo que, a su vez, podía crear los recursos para la implementación. De la encuesta también se averiguó que el CEO mantenía demasiado control en sus manos. Al almacén no se le permitía hacer pedidos independientes, sino que siempre necesitaban la firma del director ejecutivo. Esto se convertía también en un problema porque el CEO no siempre estaba en la oficina. Se dio cuenta de que tenía que dar a sus empleados más libertad y responsabilidad.

Se requiere paciencia en las entrevistas. Suele pasar que los empleados no se atreven a exponer la situación al jefe tal y como la perciben. Por lo tanto, es muy recomendable que sean realizadas por miembros externos. En cualquier caso, debes dejar claro que no se trata de culpar, sino que tienes un verdadero interés en tratar de comprender la situación sin que se deriven desventajas por la honestidad de los empleados. Realizar las entrevistas de forma anónima depende de ti: de todos modos, en una pequeña empresa es probable que quede claro quién da las respuestas.

Con el ejemplo anterior puedes ver que ya era suficiente con analizar la situación real.

Intenta ser lo más neutral posible en las conversaciones. Tu objetivo no es validar tus puntos de vista, sino obtener la mayor cantidad de información (y otras opiniones) que sea posible.

5.2.3 Grupos focales

El grupo focal es un tipo de discusión grupal. Lo importante es cómo se seleccionan los participantes para los grupos individuales. La investigación de mercado suele emplear preguntas abiertas, pero se presentan a varios grupos para garantizar una estandarización parcial. Como parte de la gestión del cambio, puedes utilizar el grupo focal tanto interna como externamente para analizar la situación actual.

Para los cambios internos, debes formar un grupo focal tan variado como sea posible. Intenta invitar a miembros relevantes que puedan proporcionarle la información más importante. Sin embargo, una reunión de líderes de departamento no es un grupo focal. Este tipo de grupos funcionan bien para un conjunto de hasta 300 empleados. Incluso con 50 empleados, un grupo focal sigue siendo útil.

Lo normal es que en un próximo cambio invites a todos aquellos que sean expertos en el campo y que se ocupen del problema a diario. No obstante, es difícil que esto pueda degenerar rápido en discusiones entre expertos. Por lo tanto, es mejor constituir un grupo focal un poco más amplio. Tomemos como ejemplo una empresa que opera varias instalaciones de lavado de vehículos. Existe la idea de cambiar el detergente para que sea más respetuoso con el medio ambiente. Este sería un poco más caro, pero por lo demás tiene las mismas características. ¿Quién debería participar en un grupo focal en este caso?

Los afectados son los operadores de las instalaciones en el sitio, así como los departamentos de contabilidad, marketing y ventas. Desde cada área, debes involucrar a un compañero de trabajo, pero no necesariamente al jefe del departamento. Además, conviene seleccionar a aquellos empleados que siempre tienen su oído puesto en el personal. Estos suelen ser los que trabajan en recepción o también los ayudantes de limpieza, o bien alguien de la contabilidad que sencillamente se lleva bien con la gente. En todas las compañías hay alguien a quien todos informan de todo y alguien que transmite toda la información. Estás buscando específicamente a la primera persona e intentando evitar tener a la última en los grupos focales. Por cierto, en este caso, también sería recomendable contar con uno o dos clientes, ya que son quienes mejor pueden decirte cómo evalúan la situación actual.

Como regla general, en todos los cambios que realices y que afecten a los clientes, al servicio o al producto, siempre debes preguntarles cuál es su satisfacción con respecto a la situación existente en ese momento. Además, los grupos focales son sumamente adecuados, aunque no siempre sean representativos. Un ejemplo que muestra que los deseos de los clientes no siempre sirven al éxito comercial son las nuevas cafeterías. Muchos clientes quieren tener un asiento tranquilo, acogedor y cómodo. El problema es que permanecen demasiado tiempo y consumen muy poco en relación con su deseo. Pero conocer la solicitud del cliente fue suficiente para que en la actualidad haya muchas cafeterías intencionalmente muy ruidosas (simplemente para hacerlas poco atractivas a quienes trabajan cuatro horas con un portátil y piden solo una taza de café). A este respecto, otra opción sería asignar una nueva contraseña wifi cada hora.

Después de las encuestas o de las entrevistas, deberías tener una visión general bastante buena acerca de la situación real. Ahora vuelve a intentar evaluar tu problema: ¿Es en realidad un problema que afecta a tu organización, que es importante y que se debe cambiar o resolver? Si tu respuesta es sí, puedes ponerte manos a la obra con la gestión de cambios.

6. Planificación

El análisis real puede haberte ayudado a asimilar algunas buenas ideas sobre los retos que vas a afrontar si deseas diferenciarte. En un artículo de Ian Godts, que versa sobre el departamento comercial (una gestión de la relación con el cliente), se describe cómo los altos ejecutivos pueden ver la gestión del cambio en sus empresas y, en concreto, en diversas industrias.[2]

El 64 % de los encuestados no creía que el cambio fuera necesario;

el 44 % no tenía experiencia en la gestión de cambios;

el 44 % señaló que no había nadie de dirección involucrado en el proyecto;

el 44 % afirmó que hay pequeñas guerras entre los departamentos;

el 36% dijo que no existía un sistema uniforme de recompensa para quienes implementaban y aceptaban el cambio;

el 31 % se resisitía a las disminuciones inminentes.

---

[2] Gotts, I. (2017): The Top 6 Reasons Why Change Fails. URL: https://medium.com/inside-the-salesforce-ecosystem/the-top-6-reasons-why-change-fails-6a105603eeda [Actualizado: 13-3-2018]

Y estos son, por supuesto, solo aquellos que han admitido estos defectos. La resistencia vendrá de todos los sectores, tanto de la gerencia como de los diversos departamentos, de proveedores, clientes y, a veces, de personas que no tienen nada que ver con el negocio.

En primer lugar, debes averiguar a quiénes le afecta y quiénes tienen alguna reserva sobre una modificación. Se trata de identificar a las partes interesadas.

6.1 Análisis de las partes interesadas

Se deben designar a todos los participantes a quienes les afecte el cambio como partes interesadas. En un primer paso, tendrás que agruparlos:

1. Empleados directamente afectados
2. Jefes de departamento
3. Consultores externos
4. Clientes
5. Autoridades
6. Interesados de redes sociales
7. Junta directiva
8. Accionistas
9. Periodistas
10. Competidores
11. Miembros de la familia
12. Empleados indirectamente afectados

En el siguiente paso, debes considerar qué interés tienen estos grupos en términos de modificaciones. El mejor método consiste en crear una tabla como la que se muestra a continuación (ejemplo de un nuevo sistema de registro del tiempo que se va a instalar en una empresa).

	¿Cómo / por qué les afecta?	¿Qué resistencias?	¿Qué ventajas?
Empleados directamente afectados	Todos tienen que registrar el tiempo	Nadie quiere decir cuánto tiempo trabaja	Pago más equitativo con relación al tiempo
Jefes de departamento	Deben realizar evaluaciones	Más trabajo administrativo	Resumen del rendimiento laboral
Clientes	Indirecto cuando se mide el tiempo en las llamadas de clientes	Podrían acortar las conversaciones con clientes	Ninguna

Te invito a que continúes con esta tabla y consideras los pros y los contras de cada grupo por separado. Intenta rellenar estos campos primero, aunque también puede haber múltiples entradas para cada uno. Con la tabla vas a obtener una visión general bastante buena que necesitarás para el siguiente paso.

Ahora se trata de que definas la importancia de las distintas partes interesadas. Si bien la dirección siempre puede ser importante, en algunos procesos de cambio desempeña solo un papel secundario y, por lo tanto, tiene poco interés en el proceso. Por ejemplo, el encargado de un aparcamiento se suele pasar por alto, pero puede ser muy importante cuando se trata de reasignar espacios de estacionamiento.

Puedes elaborar una matriz como la que se muestra en la siguiente tabla. Consiste en los valores «Gran influencia, influencia meda, poca o ninguna influencia y desconocida», así como en la importancia de los interesados «Gran importancia, importancia media, poca o ninguna importancia y desconocida».
Muestra que las partes interesadas, cuya influencia e importancia son las más altas, necesitan la mayor atención. Sin embargo, aquellos que no tienen importancia y una influencia menor pueden ignorarse al principio.
Un problema común es definir la influencia y la importancia. El foco está siempre en la implementación del cambio. Cuando hay muchos empleados involucrados, el liderazgo del departamento de recursos humanos no es tan importante como aquellas personas que son líderes de opinión en su empresa (y esa puede ser incluso la persona de recepción).

Asimismo, puedes añadir las columnas «Importancia» e «Influencia» en la tabla anterior y luego usarlas como correspondan en la tabla inferior también. Si te gustan los números, también puedes valorar los dos parámetros: la importancia se divide en 0-3, 4-7, 8-10 y del mismo modo la influencia. X significa incertidumbre.

		Importancia de las partes interesadas			
		Desconocida	Poca o ninguna importancia	Importancia media	Gran importancia
Influencia de las partes interesadas	Gran influencia	C		A	
	Influencia media				
	Poca o ninguna influencia	D		B	
	Desconocida				

La matriz muestra cuatro áreas. En el campo A, están las que tienen una gran influencia y son importantes para el proyecto. Tienes que conseguir estos aspectos para que el proyecto sea un éxito. En el campo B aparecen las personas importantes, pero que tienen poca influencia. Por encima de todo, tienen que estar emocionalmente convencidos porque suelen ser los mayores críticos. Aquellos que tienen una gran influencia, pero ninguna importancia, pueden perturbar un proyecto; a veces, vienen del exterior y solo quieren expresar sus opiniones. Debes intentar implicarlos, aunque no tengan una tarea específica. Aquellos que no tienen importancia ni influencia no deberían causarle ningún dolor de cabeza.

También puedes crear tablas similares, por ejemplo, comparando el interés de los participantes en el proyecto con la resistencia esperada, o el impacto que tendrá en comparación con la resistencia al cambio.

Las tablas deben ayudarte sobre todo a comprender qué intereses tienen los grupos de tu organización y desarrollar una estrategia para abordarlos.

Un ejemplo de una compañía de inversión puede ilustrar este aspecto: la compañía era una firma de inversión clásica, pero también llevó a cabo algunos proyectos de inversión, especialmente proyectos de construcción. Hasta ahora se trabajaba por correo electrónico, con Excel, Word y un servidor central en el que se guardaban los documentos. La situación de seguridad era pésima, ya que casi todos los datos se podían copiar y transferir a una memoria USB, por ejemplo. Además, algunos jefes de departamento apenas usaban los correos electrónicos o los dictaban parcialmente.

La dirección quería modernizar la empresa, entre otras cosas, porque tenía que adaptarse a los estándares internacionales para llegar a los inversores extranjeros. Se planificó un sistema interno de gestión de proyectos e intranet, en el que todos los datos deberían almacenarse en una base de datos central y los empleados deberían tener derechos de acceso específicos.

Entonces ¿quién tendría qué intereses?

La dirección se vio presionada tanto desde dentro como desde fuera y quería implementar el cambio lo antes posible.

Los banqueros de inversión se preocupaban por su independencia y temían la transparencia que traería una base de datos.

El departamento informático era entusiasta, pero dudaba que el personal fuera suficiente.

Por una parte, las secretarias estaban contentas por recibir menos dictados, pero por otra también se preguntaban si eso haría que su trabajo fuera superfluo.

El departamento, que anteriormente tenía sus propios proyectos, señaló que ya utilizaban sistemas de gestión de proyectos para ellos y que no querían ejecutar dos sistemas en paralelo.

El departamento de contabilidad quería saber si el nuevo sistema se conectaría con el software existente.

El departamento legal planteó preocupaciones sobre la privacidad de los empleados y además señaló que había ciertos estándares y normas que debían cumplirse.

Algunos jefes de departamento temían que ahora tuvieran menos supervisión y menos control porque ya no tendrían que autorizar demasiado.

Algunos empleados esperaban una modernización fundamental, lo que llevaría a una identificación más fuerte con la empresa.

Los empleados de las oficinas de campo exteriores temían que no se les tuviera en cuenta.

El departamento de recursos humanos solicitó que el sistema estuviera disponible tanto en el idioma local como en inglés.

Los clientes señalaron que tenía que haber interfaces para sus sistemas y que se debía garantizar que la modernización no conllevara desventajas para ellos.

Análisis del campo de fuerzas

El análisis del campo de fuerzas («Force Field Analyse» en inglés) tiene que ver con la identificación de los factores impulsores y los represores. También fue publicado por primera vez por Kurt Lewin. Cualquier cambio creará resistencia: es un tipo de ley natural. Pero hay que saber de qué tipo de resistencia se trata. Al principio, la lista será bastante corta, pero en el curso de la planificación será más larga en las dos columnas. Una vez más, se trata de mostrarte a ti y al equipo qué tarea les espera. A menudo, los argumentos o personas de la columna izquierda (fuerzas impulsoras) también pueden ayudar a convencer a los oponentes.

El análisis del campo de fuerzas también puede ser útil cuando hay que convencer a las partes interesadas o, simplemente, explicarles la situación. El análisis también muestra los intereses y las posiciones.

Fuerzas impulsoras	CAMBIO	Fuerzas de resistencia
Administración		Jefes de departamento
Jefes de proyecto		Algunos empleados
Clientes		Proveedores

En el análisis del campo de fuerzas, enumeras las fuerzas impulsoras y las de resistencia como en este ejemplo.

Ejemplo:

La Organización de las Naciones Unidas para la Alimentación y la Agricultura (FAO) había introducido estos análisis para nuevos programas de reforestación. Porque con ellos, existe el peligro de que el entusiasmo sea grande, pero que se olviden los obstáculos que pueden existir. Los intereses económicos o políticos locales suelen oponerse a dichos programas, pero también a los de la población local o, a veces, incluso a los factores ambientales. Muchos programas de ayuda para el desarrollo fracasan debido a la insuficiente atención prestada a los factores represores. La FAO llegó al extremo de no solo enumerar estos factores de resistencia, sino también de evaluarlos con valores numéricos.[3] Los factores recibieron los parámetros de «importancia» y «fuerza de la resistencia». Esto dio como resultado una tabla con los factores en la parte superior, que tenía los valores numéricos más altos. Para la FAO, eso significaba que tenía que abordar estas cuestiones primero.

En tu proyecto de cambio, no tienes necesariamente que representar todos los factores por medio de números. Pero es bueno saber que no solo tiene que enumerarlos, sino también clasificarlos. Primero debes enfocarte en los más importantes y significativos. A veces los factores impulsores también pueden eliminar los factores de resistencia. Así, en la FAO, un factor determinante fue la mejora de la protección contra incendios. Esto eliminó en gran parte los problemas causados por el daño del fuego.

---

[3] ODI (2009): Management Techniques: Force Field Analysis. URL: https://www.odi.org/publications/5218-force-field-analysis-decision-maker [Actualizado: 15-04-2018]

6.2 Herramientas en la gestión del cambio

Como ya has podido comprobar, la gestión de cambios tiene mucho que ver con tablas y representaciones matriciales. Esto es útil cuando para la preparación básica, como el hallazgo de problemas y el análisis de las partes interesadas. Pero cuando se trata de la siguiente fase, es decir, de involucrar a los empleados en la planificación, hay algunas herramientas que pueden ayudar.

6.2.1 Mapas mentales

Los más adecuados son los mapas mentales, sobre todo si pueden ser editados por varias personas. Con un mapa mental, los pensamientos se pueden asimilar sin tener que introducirlos en una estructura. Es una gran ventaja cuando se trata, por ejemplo, de captar los intereses de las partes interesadas, pero también de una herramienta complementaria en el proceso de implementación. Las soluciones de mapas mentales más populares son XMind, que se basan en software libre, y Mindmeister, que es una solución en línea.

6.2.2 Diagramas de flujo

En un diagrama de flujo, los cambios planificados se pueden representar visualmente bien. Suele ser una buena ilustración porque, por un lado, muestra la imagen general y, por el otro, los empleados también pueden ver qué efectos tienen los cambios en su trabajo y en qué medida forman parte del proyecto en general. No obstante, el problema de los diagramas de flujo radica en que puedes perderte en los detalles muy rápido y los gráficos se vuelven demasiado extensos y, por lo tanto, confusos.

Pero también puede aprovecharlos bien para presentar la situación real y usar esta como base para el debate. Como ejemplo, podemos hablar de un cambio en el servicio de atención al cliente. Una empresa desea recibir y atender a los clientes que acuden a una sucursal de manera diferente en el futuro. En un diagrama de flujo, puedes representar muy bien cómo se recibe actualmente a un cliente.

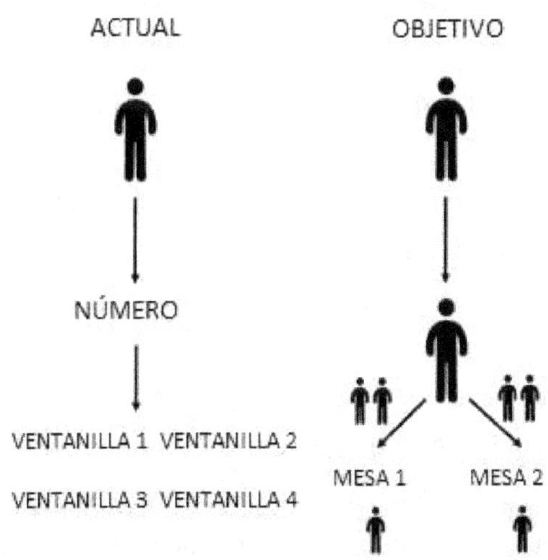

En la situación actual, el cliente tiene que coger un número y esperar a que le llamen en ventanilla. En la situación objetiva, un empleado lo saluda y lo dirige a una mesa.

Ahora puedes hacer otra gráfica que muestre el nuevo proceso. Es decir, tienes dos representaciones visualmente fáciles de entender de un estado real y uno objetivo. Constituyen una base óptima para debatir acerca de los cambios planeados. Pero cuanto más complejo sea un cambio, menor es la claridad.

6.2.3 Diagramas de Gantt

Como la gestión del cambio está involucrada principalmente en un proyecto, los diagramas de Gantt también pueden ayudar a obtener una visión general del progreso, además de verificar si se van a lograr hitos importantes. Sin embargo, esto supone que has formulado las tareas anteriores. Si bien el proyecto en sí trata de cambiar el proceso, en la gestión del cambio es más probable que intentes retratar cambios en el comportamiento de los empleados. No se trata tanto de si se ha implementado un proceso, sino de si realmente se está aplicando. Dado que estos factores son más delicados, será más difícil evaluarlos. La mayoría de las veces, sin embargo, hay un indicador, como el número de empleados que ya están usando el nuevo proceso.

6.3. Seis sombreros para pensar

Una forma de ver un problema desde múltiples ángulos es el método de los Seis sombreros para pensar. Fue descrito en 1985 por Edward de Bono en su libro homónimo y todavía se usa en muchos proyectos en la actualidad. De Bono asumía que puede haber malentendidos en grupos de discusiones porque no todos están en la misma onda. Un ejemplo sería que alguien tuviera un argumento más emocional, mientras que la otra persona lo considerara más racionalmente analítico. Esto puede llevar a confrontaciones ineficaces. Para aclarar las cosas, De Bono presentó los sombreros de la sabiduría. Tienen diferentes colores y representan diferentes formas de pensar:

azul: orden de pensamiento

blanco: pensamiento analítico

rojo: pensamiento emocional

negro: pensamiento crítico

amarillo: pensamiento optimista

verde: pensamiento creativo

¿Por qué necesitas esto para la gestión del cambio? Porque es una buena manera de trabajar juntos para resolver o descubrir problemas asociados al cambio. En el método de los sombreros para pensar, todo el grupo tiene siempre el mismo sombrero, y solo cambia de color en conjunto.

Un ejemplo:

Trabajas en un camión de basura. La empresa tiene grandes problemas con camiones defectuosos y, al mismo tiempo, una montaña de deudas elevadas. Uno de los problemas debe ser abordado, pero ¿se deberían comprar camiones nuevos o pagar las deudas? Para esto puede ser útil una discusión grupal, en la que todos los involucrados lleven el mismo sombrero. En la ronda con el sombrero blanco, por ejemplo, se habla de qué números y costes tenemos. El sombrero rojo es para clientes enojados porque la basura se recoge muy tarde. El sombrero amarillo dice que los nuevos camiones generan una rápida recuperación y más ingresos, y el sombrero negro dice que, si compras camiones, la deuda aumenta aún más y la empresa quebraría. El sombrero verde puede tener la idea de vender algunos camiones viejos, pagar deudas con las ganancias y, luego, pedir un crédito para camiones nuevos y más eficientes El sombrero azul discute la situación general de la empresa, el mercado y los competidores.

La mayoría de las veces, convocarás un foro de discusión en la fase previa de planificación del proceso de cambio, pero también puede ser útil durante el proceso en curso. Porque incluso si se han acordado los cambios, el modelo de los sombreros para pensar puede servir como una especie de juego de roles. Si juegas a través del cambio, los participantes también podrán entender mejor las modificaciones. Y puede que hasta llegues a nuevos hallazgos.

6.4 Valoración de los riesgos

Existe la posibilidad de que tu plan para cambiar algún aspecto fracase por completo. Esto puede darse durante el proceso de cambio, pero también si la idea en sí misma resulta ser un gran error. Se trata de algo normal y que sucede en todos los negocios.

Un ejemplo: Pepsi pensó que era hora de rediseñar los envases de los populares zumos de frutas Tropicana. Quería ser más moderno y contar con un diseño contemporáneo. Hubo muchos diseños, se seleccionó el que supuestamente era el mejor y la producción se cambió de inmediato para desarrollar los nuevos envases. Al principio los clientes se sorprendieron, después se enfadaron y, finalmente, se rebelaron. Querían recuperar el antiguo Tropicana y, después de un mes de comentarios y cartas llenos de enfado, Pepsi volvió a remontar Lo que se había olvidado era arriesgarse o, mejor aún, cuál podría ser su alcance y tenerlo en cuenta.

En el análisis del campo de fuerzas, ya has aprendido a representar las fuerzas que obran en contra del cambio. Ahora, en la valoración de riesgos, intentarás visualizar cómo podrá ser la fuerza del impacto si algo sale mal.

En este punto, nos enfocaremos en cuatro preguntas:

- ¿Qué riesgo existe?

- ¿A quiénes afecta el riesgo (empleados, clientes, partes interesadas, público)?

- ¿Qué sucede cuando se produce el riesgo?

- ¿Quién es responsable en caso de riesgo?

La última pregunta no tiene que ver con echar la culpa, sino sobre en el área de responsabilidad en la que se encuadra el riesgo. Supongamos que tu empresa tiene que mudarse y que alguien ha decidido que no necesitan ninguna empresa de mudanzas, sino que los empleados pueden hacerlo. Reproduce este caso: alguien se cae por las escaleras con una caja de cartón para la mudanza. ¿Quién podría haberlo evitado? ¿La persona que le dio previamente la caja al lesionado? ¿La persona que tomó la decisión de no contratar una empresa de mudanzas? ¿O la persona o el organismo que aceptó la decisión de renunciar a los profesionales?

En grandes proyectos, sobre todo en plantas industriales, los riesgos son naturalmente mucho más elevados que en un proyecto de cambios pequeños. Los riesgos suelen dividirse en las siguientes categorías:

- catastróficos
- muy grandes
- medios
- pequeños
- insignificantes

La clasificación depende del tipo de proyecto. En una planta industrial, las explosiones y los componentes de alto riesgo son riesgos catastróficos y clásicos. Al programar e implementar un nuevo software para la gestión de la relación con el cliente, un evento catastrófico sería la eliminación de todos los datos o la acción de piratear que permitiría que un atacante accediera a la información.

Siempre debes esperar que surjan problemas y que ocurran errores. Con la evaluación de los riesgos te preparas para el descenso de los supuestos riesgos.

Si has pensado acerca de la fuerza que podrían tener los riesgos, tienes que considerar también cuál es la posibilidad de que se cumplan.

Existe una fórmula de evaluación profesional de los riesgos que te puede servir al menos como guía orientativa:

raro: un acontecimiento que solo ocurre cada diez años o menos

bastante raro: un acontecimiento que solo ocurre cada cinco años

posible: un acontecimiento que ocurre cada dos años

muy probable: un acontecimiento que ocurre cada año

casi seguro: un acontecimiento que ocurre cada mes

Como regla general, aquellos eventos que ocurren casi mensualmente son menos importantes que los que tienen lugar cada cinco años. Ahora no vas a construir una planta de energía nuclear, por lo que es posible que la palabra riesgo para tu proyecto sea algo exagerada. Pero deberías tener claro el razonamiento. Particularmente en los proyectos de software, se puede ocasionar algún tipo de daño, sobre todo de naturaleza financiera, sobre el que se debe reflexionar antes como mínimo.

Si tu proyecto implica grandes riesgos, debes desarrollar en cualquier caso mecanismos para detectar la aparición del riesgo lo antes posible. Un breve ejemplo muestra cómo un pequeño proyecto de software y de hardware se convirtió en un gran problema.

Un casino había decidido ofrecer a sus visitantes como atracción un acuario en el que nadaban peces y otros animales marinos. Como querían estar a la última en tecnología, construyeron un termómetro que podía transmitir en cualquier momento la temperatura y otros datos sobre el estado del agua a la administración a través de internet. Sin embargo, no se tuvo en cuenta que: los datos se transmitían en la misma red en la que se encontraba el resto de los datos. Los piratas informáticos aprovecharon los bajos niveles de seguridad del termómetro para obtener acceso a los datos de los clientes.

Cualquier proyecto de software que maneje datos de clientes debe considerar un posible escenario de ataque de piratas informáticos. La probabilidad de que esto ocurra es una cuestión de valoración, pero al menos es un escenario potencial. Por ejemplo, un hotel lo valoró como un peligro menor y, por lo tanto, invirtió poco en la seguridad de un nuevo sistema de reservas. Hubo lagunas y los piratas informáticos obtuvieron acceso rápidamente y no solo robaron datos, sino que también los eliminaron del servidor.

Una frase que nunca deberías decir en la gestión del cambio es: «No podemos contar con eso» porque puedes (y debes) contar siempre con ello.

6.5 ¿Qué me ofrece?

Te formularás esta pregunta bajo la garantía de que casi todos los empleados se van a ver afectados por el cambio. «What's in For Me?» es tan importante que se ha convertido en un propio marco de trabajo y se utiliza bajo la abreviatura inglesa WIFM.

Fundamentalmente, se trata de otro análisis que identifica las ventajas del cambio para todas las partes interesadas. El siguiente cuadro servirá de ejemplo:

Parte interesada	¿Cómo le afecta?	¿Qué ventajas obtiene?
Dirección	Tiene que desembolsar presupuesto	Mejora la posición mediante el ahorro y la aprobación de gastos

Jefe de departamento	Debe realizar y supervisar los cambios	El cambio reduce el trabajo diario, se dispone de más tiempo para lo esencial

Se podría añadir otra columna para enumerar las desventajas del cambio. En realidad, los afectados por estos argumentos se acercarán a ti. Es más importante que tengas argumentos que los convenzan, aunque está claro que siempre dependerán en gran medida de los cambios que se planifiquen. Aquí vemos algunos argumentos para cambios típicos:

Nuevo software de contabilidad
Argumentos a favor de los empleados: ahorro de tiempo, más fácil, vista general clara, menos papel.

Equipos en lugar de departamentos
Argumentos a favor: ser capaces de asumir más responsabilidad, más oportunidades de participación, mejor comunicación con otras partes interesadas, más seguridad a través del equipo, la reestructuración hace que el lugar de trabajo sea más seguro.

Reubicación de la empresa

Argumentos a favor: mejores condiciones de trabajo, más plazas de aparcamiento, conexiones de transporte público, máquina de café, centros comerciales, mobiliario nuevo.

Para estos argumentos es indispensable que puedas ponerse en el lugar de la parte interesada correspondiente. No se trata de venderle hechos, sino de ponerse en su posición y pensar cómo pueden ayudarle los cambios. Aquí tenemos de nuevo un análisis útil del campo de las fuerzas porque te da buenas pistas acerca de dónde se deben esperar las resistencias.

Se alcanza el estado ideal cuando todos los empleados ven una buena razón para contribuir a los cambios, pero rara vez se da el caso. En un cambio, siempre habrá partes interesadas que tengan algo que perder porque se dé el hecho de que su situación, salario o posición empeoren. Ese es, por ejemplo, el caso de los clásicos escépticos, donde «minimizar» no ayuda en nada y te resultará difícil encontrar algo que les haga cambiar de opinión. Al fin y al cabo, son los daños colaterales del cambio los que deben compartirse. En este punto, la mayoría emplea la autoridad de la dirección para imponer el cambio. En casos urgentes, cuando un empleado es muy importante para la empresa o un proveedor difícil de reemplazar, el dinero puede servir de argumento. Ahora bien, debes evitar comprar la aprobación y el apoyo en lo que tenga que ver con un cambio.

De hecho, es el último medio que debes usar.

7. Ejecución

En este momento, deberías tener un buen plan sobre lo que se debe cambiar y el objetivo de la modificación. Has nombrado a las partes interesadas clave y les has informado e implicado para que apoyen el proyecto y se minimice la resistencia en la medida de lo posible. Ahora se trata de cómo poner en práctica todo esto de manera exitosa, ya que la gestión del cambio no solo vale para la preparación, sino también para la conducción del proyecto y la posible adopción de medidas si algo sale mal.

Primero, debes tener la oportunidad de medir el progreso y el éxito. Esto te permitirá verificar a intervalos regulares si el proyecto está avanzando según lo planeado o, si no, dónde podría estar el problema. Una buena herramienta para llevarlo a cabo es una encuesta simple que puedes elaborar, por ejemplo, utilizando un documento de Formularios de Google (o cualquier otra herramienta para encuestas). Los encuestados (preferiblemente todos los involucrados) pueden valorar de 1 a 10 preguntas / declaraciones individuales. Estas pueden ser:

- Entiendo el nuevo modelo y el papel que asumo.

- Creo que el nuevo modelo mejorará nuestro rendimiento.

- La dirección está totalmente involucrada en la transformación.

- Sé lo que tengo que hacer para que el modelo nuevo funcione a la perfección.

- Creo que tenemos el personal y las habilidades para implementar el nuevo modelo de manera efectiva / rápida / rentable.

- Los compañeros de trabajo están muy comprometidos con la implementación del nuevo modelo.

Por supuesto, estas son solo algunas sugerencias que puedes o incluso debes que adaptar a tu respectivo proyecto de cambio. Es mejor utilizar la encuesta por primera vez en la fase de planificación, y luego periódicamente durante la etapa de la implementación.

7.1 Planificar-Hacer-Estudiar-Actuar

A partir de la gestión del proyecto, es posible que ya conozcas el principio de «planificar-hacer-estudiar-actuar» (PDSA, por sus siglas en inglés). Es uno de los modelos (simples) de cómo implementar proyectos sin tener que actuar solo de acuerdo al proyecto. La gestión de cambios siempre se ejecuta en paralelo a un proyecto, es una especie de proceso de supervisión de alto nivel. El principio de PDSA consiste en entender los cambios como una especie de círculo.

Un ejemplo puede ser un ciclo nuevo de mantenimiento para los camiones de una empresa de transportes. Se ha demostrado que han fallado más camiones de lo planeado, lo que ha generado disgusto entre los clientes, pero también entre los empleados. Los mecánicos, por su parte, temen que haya más trabajo del esperado.

Planificar: Pprimero elaborarás un nuevo plan para que los camiones sean llevados al taller una vez al mes (en lugar de cada tres meses).

Hacer: se fija la primera revisión en el taller (dos camiones al día). Al final, cada conductor del vehículo recibe un informe del estado, así como recomendaciones de reparación.

Comprobar: después del primer ciclo de mantenimiento, debes iniciar la encuesta descrita anteriormente y analizar los resultados. Tal vez resulte que los mecánicos también pueden revisar tres camiones al día. O que no se pueden mantener en buen estado todos los camiones en una semana.

Actuar: si la revisión ha demostrado que los cambios deben realizarse, entonces deben resolverse e introducirse en un plan nuevo. El ciclo comienza otra vez.

Por supuesto, este ejemplo se simplifica mucho. En realidad, los mecánicos considerarán de antemano cuántos camiones exactos pueden reparar. Pero se trata más de demostrar que, a pesar de ser un buen plan, siempre se puede llegar a nuevas perspectivas y, por ende, a mejoras. El método PDSA también es ideal para pequeños cambios que no requieren grandes planes, pero que aún deben realizarse correctamente.

7.2 ¿Entornos de prueba o toda la organización?

Una de las preguntas que suele surgir con la gestión de los cambios es si primero se debe hacer una prueba y enfrentar a un grupo a los nuevos aspectos, o aplicar el cambio en toda la organización de inmediato. La respuesta depende, por una parte, de los cambios planificados y, por otra, del tamaño de la organización.

Debes configurar un entorno de prueba, por ejemplo, si:

- en la introducción del software es necesario permitir que los usuarios reales lo prueben de antemano para ver si el software es práctico. Sería más sensato hacer esto durante el desarrollo;

- una flota de vehículos debe cambiarse a transmisión eléctrica. En este caso, una prueba con algunos vehículos proporcionaría ante todo datos suficientes sobre cuya base se podría realizar la transformación completa. Sin embargo, los gastos y cambios para la operación en curso deben tenerse en cuenta aquí (por ejemplo, se debe establecer una estación de carga porque ocurrirán inconvenientes de menor alcance ocurren en el plan operativo):

- se trata de un trabajo relacionado con el proyecto destinado a disolver los departamentos en la manera de lo posible. Muchas empresas creen que una gestión muy precisa puede aumentar la motivación y reducir los gastos. En este caso, una prueba también puede ayudar al incluir solo a unos pocos empleados de todos los departamentos posibles en un grupo de prueba.

Ejemplos que no requieren un entorno de prueba o tienen otras razones para una implantación completa:

- una tarjeta de admisión para todos los empleados debe garantizar que solo pueda entrar en el edificio quien tenga permiso para ello. En este caso, no es problema realizar el cambio de un día para otro. Esto se aplica a la mayoría de los cambios relevantes para la seguridad, especialmente en términos de seguridad en la construcción, aunque también en la producción industrial. Los legisladores también se enfrentan a estos desafíos: probablemente el mayor proyecto de cambio en Alemania fue la introducción del euro, que sucedió casi de la noche a la mañana Hubiera sido imposible introducir la moneda sólo de manera parcial.

Por lo general, los nuevos reglamentos y procesos también se suelen introducir como vinculantes para todos: puede ser el caso de elementos pequeños como formularios o reglas para informes de gastos, o medidas más grandes como usar un nuevo logotipo. Aquí se debe evitar usar el logo antiguo y el nuevo al mismo tiempo. Especialmente en los cambios de nombres o logotipos, debería atenderse toda la cantidad posible de medios al mismo tiempo, incluso si aún no se ha agotado la papelería. (En el caso de un nuevo logotipo, la gestión del cambio tiene que ver con ganar aceptación entre los empleados y explicar por qué el logotipo se diseñó de tal manera, pero también debatir, por ejemplo, con los departamentos de marketing y TI, qué gama de color emplear y cuáles son las proporciones).

Un ejemplo de cambio a nivel mundial fue el llamado error del milenio o problema del Y2K. Como hasta la década de los 90, muchos ordenadores solo utilizaban los últimos dos dígitos como fechas de años, se temía que con la llegada del año 2000 aquellos también interpretaran el número como 1900. Los entornos de prueba solo ayudaban a nivel de organización, pero nadie sabía qué impacto adicional tendría. Al final, no quedaba más que adaptar todos los ordenadores al sistema de cuatro dígitos del año. Sin embargo, se discute si sucedió algo grave el 1 de enero de 2000 o si el problema, simplemente, no fue tan grande como el desastre previsto por muchos.

7.3 Implementación paso a paso

Otra posibilidad de implementar proyectos de cambios consiste en realizarlo en pasos pequeños. Se recomienda sobre todo para proyectos grandes, extensos y complejos. Es frecuente que lo veas en el campo de programas informáticos cuando se trata, por ejemplo, de introducir soluciones empresariales. Estos pasos pueden ser:

- presentar solo partes del proyecto

- incluir solo grupos de usuarios específicos

- Introducir solo etapas

La principal ventaja de la implementación por fases es que tienes opciones mucho mejores para supervisas el progreso e intervenir de manera oportuna. Una empresa de consultoría de hoteles en Asia quería ser más profesional y, después de asistir a un seminario, el CEO decidió comprar e implementar el programa de moda que se acababa de lanzar: SharePoint. Su personal de TI lo instaló en todos los ordenadores y envió por correo electrónico a cada empleado sus datos de inicio de sesión. No sería de extrañar que nadie lo utilizara. Pero el CEO no lo entendió e igualmente envió un e-mail enfadado en el que acusó a los empleados de no querer cambiar y estar en contra de la modernización. Cuando los empleados decidieron incluso marcharse, el primer ejecutivo contrato a unos consultores. Inmediatamente, se dieron cuenta de que «la tierra ya estaba quemada» y que era impensable una implementación a nivel empresarial. Por eso, decidieron implicar a los empleados de TI en primer lugar y solo con sumarios de la amplia gama de programas. Cuando se implementó con éxito, a algunos miembros del personal de contabilidad interesados se les dio acceso a funciones seleccionadas como el calendario y a algunas carpetas de documentos. Poco a poco, se fueron implementando partes de SharePoint, cada una en la medida en la que hubiera la menor resistencia posible. Y, con cada nueva fase, los consultores, el CEO y los empleados aprendieron algo nuevo y, a su vez, pudieron aplicarlo a la siguiente fase.

7.4 Los 100 días siguientes

Desde que se completa el proceso de cambio, comienza el período de los 100 días siguientes. Ahora quedará claro si los cambios realmente se han consolidado, si son sostenibles y si reciben el apoyo necesario. Se suele decir que los primeros 100 días son decisivos. Para los líderes políticos, es una tradición hacer una evaluación inicial después de 100 días para valorar el desempeño del cargo. Durante este tiempo, algunos periodistas también los dejan tranquilos en la medida de lo posible en lo relativo a cuestiones y temas críticos. En la gestión del cambio, es una regla no escrita (y no probada en realidad) que se tarda alrededor de 100 días en implementar un cambio de manera sostenible, sin correr el riesgo de volver al empezar de nuevo.

En este punto, volvemos a presentar una lista de preguntas que puedes usar como herramienta para controlar esta fase:

1. ¿Qué herramientas tienes para verificar la sostenibilidad?

2. ¿Has establecido objetivos del proyecto para los primeros 100 días que documentan la sostenibilidad de la implementación?

3. ¿Hay algún bucle de retroalimentación con la dirección sobre el éxito del cambio?

4. ¿Elaboras con regularidad encuestas sobre la implementación del cambio?

5. ¿Hay un punto de referencia que determine si el cambio es sostenible después de 100 días?

6. ¿Qué planes tienes para intervenir en caso de que surjan posibles problemas?

Para que el seguimiento no sea demasiado difícil, a continuación te proporciono algunos consejos sobre qué instrumentos pueden ayudarte:

puedes determinar mejor la sostenibilidad de un cambio con los análisis objetivos/reales. Después de la presentación, este balance debe equilibrarse, es decir, que el objetivo sea también el estado real al mismo tiempo. Es mejor utilizar la lista de objetivos de cambios como un tipo de lista de verificación. En el caso del cambio a una flota eléctrica, todos los vehículos/camiones deberían estar equipados con propulsión eléctrica y debería haber suficientes estaciones de carga disponibles al cabo de 100 días como muy tarde. Pero incluso con este tipo de cambio, también puede haber retrasos, con lo que los 100 días no serían suficientes. Esto plantea la cuestión de si la gestión del cambio se completa con la introducción del primer o del último vehículo.

7.5 Retroalimentación

El método más efectivo para determinar cómo avanza el proceso de cambio es mediante la retroalimentación. Estos comentarios pueden darse de diferentes maneras. Como ya describimos anteriormente, puedes enviar una encuesta a todos los empleados y consultar con regularidad cómo se está adoptando el proceso de cambio. También puedes analizar datos, como si ya se ha ahorrado en gastos, o si se ha producido más o si un proceso se ha vuelto más eficiente como resultado de la modificación. Pero tienes que tener claro lo siguiente: sin retroalimentación, no habrá una gestión de cambios satisfactoria.

Una de tus tareas principales durante la transición es motivar a los empleados y a las partes interesadas para que brinden la mayor cantidad de opiniones posible. Y la retroalimentación debe ser sobre todo constructiva, o al menos describir con precisión los errores y problemas.

A pesar de una preparación inmejorable, no podrás convencer a todos los que sean negativos que realizarán críticas repetidas durante la implementación. El hecho puede ser agotador, pero a veces también brinda una nueva perspectiva sobre las cosas.

7.6 El propietario de problemas

En la fase de implementación, es importante que los problemas se identifiquen lo más rápido posible. El mejor plan no ayudará si no se puede implementar durante los primeros obstáculos. Hay varias formas de detectar estas señales de alerta a tiempo, Aunque es más importante establecer quién toma la iniciativa. En la gestión de proyectos, esta persona se denomina como el propietario de problemas, y se trata también de un término adecuado para la gestión de cambios. El propietario de problemas reconoce la dificultad, la pone en conocimiento y la analiza junto con el equipo. Luego se trabajar en la resolución y el propietario de problemas supervisa que esta también se implemente con éxito.

En las empresas siempre existe un trabajador que tiene que hacer todo: el señor Alguien. Si hay un problema, la mayoría de los empleados dicen «alguien tiene que resolverlo». Cuando un director se enfrenta a un problema, le pide al personal que alguien se ocupe de él. (El Sr. Alguien tiene otro compañero, el Sr. Quien sea).

Así es como se identifican los problemas, pero no se resuelven. Es una cuestión de cultura corporativa que los empleados acepten y que también deban aceptar un problema. La propiedad de los problemas no debe acabar en las puertas de los departamentos y en los puestos. Cualquier persona que aborde un problema necesita el apoyo total del equipo, de los departamentos y de la administración para resolverlo. Muchas veces se presupone que uno es el responsable del problema. Nada más lejos de la realidad: se es responsable de la solución, pero en colaboración con otros.

Es una cuestión de cultura corporativa cómo se motiva a los empleados para identificar los problemas y que se encarguen de ellos. Donde se castigue al informante de las malas noticias, difícilmente habrá esta clase de cultura. Como jefe de un proyecto de gestión de cambios, debes dejar en claro que la detección de problemas se valora y promueve positivamente. Igualmente, asumir problemas también debería ser motivo de desarrollo profesional.

Un buen propietario de problemas piensa de la siguiente manera:

Veo un problema, pero no lo comprendo del todo y no sé cómo resolverlo, aunque estoy seguro de que es importante y debe resolverse. Es por eso que haré todo lo posible para entenderlo mejor y conseguir apoyo y consejos para solucionarlo. Si no puedo resolverlo yo mismo, me ocuparé de él hasta que encuentre a un propietario de problemas más adecuado.

Sin duda, debes asegurarse de que no siempre haya solo algunos empleados que sean los propietarios de los problemas y que muchos otros tengan la suerte de no tener que llevar a cabo el trabajo. Lo más importante es que los empleados entiendan que no están en desventaja, incluso si no pueden resolver el problema, sino que deben aprovechar el beneficio de identificar las dificultades y ayudar a encontrar soluciones.

Informes basados en excepciones

Hay muchas maneras variadas de medir el progreso y, sobre todo en las grandes organizaciones, esto se escribe por lo general en informes largos, donde se documenta todo lo que ha acontecido. Muchos empleados profundizan en muchas páginas la descripción de sus funciones. El problema: quieren presentarse bien, pero eso no ayuda al proyecto.

Los informes basados en excepciones solo informan de aspectos que están fuera de un cierto rango estándar. O en otras palabras: el informe dice que las cosas no están marchando según lo planeado. El término se suele utilizar en la gestión de proyectos, pero también en el ámbito de las ventas al por menor en análisis de pérdidas. En la gestión del cambio, se trata de un método muy efectivo para identificar los problemas rápidamente y de obtener una buena visión general del progreso, así como de los inconvenientes dentro de un proyecto a través de los informes.

Al planificar el proyecto, debes tener en cuenta los parámetros que sean los más adecuados para describir las desviaciones del plan. Una manera factible consiste en definir distintas categorías: crítico, poco crítico, muy crítico (no crítico no aparece aquí porque en principio solo se deben enumerar los problemas críticos).

Ahora bien, estas categorías necesitan definiciones adicionales, por ejemplo, si son críticas para una fase en concreto o para una determinada parte del proyecto, o incluso para todo el proyecto.

7.7 Valoraciones del rendimiento

Hay un viejo dicho que dice: «Solo se puede mejorar lo que se mide». No obstante, esto no es cierto en todos los casos; incluso las decisiones que se toman a la ligera pueden ser bastante exitosas, pero no es malo disponer de una buena base de datos. ¿Cómo puedes recopilar esta información y, sobre todo, desarrollar el rendimiento a partir de ahí? En primer lugar, hay que recoger los datos.

7.7.1 Análisis de datos

Para ver si los cambios tienen realmente el efecto que se quería lograr, se pueden usar con frecuencia varios datos. Especialmente cuando se trata de optimizar las cifras de ventas, ahorrar gastos o ganar participación de mercado, en los números se puede observar si los cambios afectan y cómo. Pero eso significa que también se han de preparar las cifras para este propósito. Las puras cifras de ventas no te ayudan si no están conectadas a la gestión de cambios. Un ejemplo:

Una empresa de ropa decide cambiar la producción de fibras de algodón puro a fibras sintéticas. Pero, para ahorrar gastos, también hay que tener en cuenta la tendencia hacia la ropa funcional. Esta transición requiere varios procesos de cambio: por un lado, la conversión de las máquinas, así como la formación de los costureros y. por otro lado, también el marketing. Las máquinas y el personal de las máquinas de coser proporcionarán datos sobre la cantidad de producción. Es probable que se mantenga constante porque los gastos se ahorran en el material. Por lo tanto, la gestión del cambio debe controlar los costes del material. Si bien estos gastos cambian directamente, es posible que el marketing y la venta de camisetas lleven algo de tiempo hasta que los clientes conozcan y acepten el nuevo producto. Los costureros también deben recibir formación inmediata para garantizar que puedan confeccionar a la perfección los nuevos tejidos. Además, es imprescindible preguntarles al respecto.

En definitiva, se puede ver lo importante que es solicitar en la gestión del cambio los datos que realmente van a representar la modificación.

7.7.2 Control del progreso y del éxito

Los datos solos no te ayudarán si no se relacionan entre sí. Para evaluar la gestión del cambio, la información debe categorizarse y ponderarse. Las siguientes categorías pueden resultar de utilidad:

- cifras de ventas, unidades y producción

- KPI (indicadores clave de rendimiento)

- auditorías

La primera categoría ya se mencionado. Estos números se recopilan de todos modos y puedes incorporarlos fácilmente al proceso de rendimiento de la gestión de cambios. Para ver si tienes éxito, debes establecer puntos de referencia. La mejor manera de hacerlo es en la fase de planificación, en la que defines dentro de los objetivos cuántos productos deseas vender o producir de más. Los números deben ajustarse una y otra vez, ya que con certeza te equivocarás al principio. Los números absolutos son menos importantes que la tendencia general: ¿aumenta la producción en general, incluso si hay un pequeño contratiempo aquí o allá (por ejemplo, porque se tuvo que identificar y resolver un problema)?

Con respecto a los KPI, los expertos discuten acerca de cuántos indicadores de este tipo se necesitan y si describen el cambio realmente. Básicamente, es bueno que el éxito de tu proceso de cambio también se pueda expresar y medir con números.

En la gestión de proyectos, los KPI se utilizan, entre otras cosas, para comprobar cuántos cambios hay y a qué se debieron En la gestión del cambio, también los puedes aplicar. Estos indicadores clave pueden ser:

% de los cambios realizados

% de los empleados que han realizado un cambio

número de días/horas de trabajo por empleado utilizado para el cambio

número de auditorías finalizadas de forma satisfactoria

% de empleados satisfechos (despúes de la auditoría)

% de modificaciones posteriores en el proceso de cambio

7.7.3. Auditorías

Si bien las auditorías de los empleados son (y no sin razón) mal vistas, si se usan correctamente, pueden aportar muchos beneficios a la gestión del cambio. Al evaluar la situación actual, ya has aprendido que las encuestas pueden ser muy útiles a la hora de comprender cómo los empleados ven la situación.

En el proceso de cambio, esta clase de encuestas son aún más importantes. Solo ahí puedes ver si el comportamiento de los empleados realmente ha cambiado. Una auditoría debe ser lo más amplia posible sin utilizar demasiados recursos. Por lo tanto, debes adaptarlo exactamente al tamaño de tu proyecto. Ante un pequeño cambio, puede ser suficiente elaborar encuestas. Sin embargo, no debes pretender que estas encuestas sean obligatorias, puesto que con el número de encuestas no enviadas puedes averiguar cuánto se ha anclado el proyecto de cambio en la mente del personal, o si los empleados aún lo rechazan y, por lo tanto, no las responden.

Es recomendable que las auditorías no duren demasiado tiempo; es más importante obtener opiniones sobre la marcha. En la mayoría de los casos, te preguntarás si los procesos que se establecieron en el plan de implementación también se realizaron de forma similar.

7.8 Objetivos del proyecto

Un método casi indispensable para medir el progreso y el éxito de un proceso de cambio son los objetivos del proyecto. Como la gestión de cambios siempre consta de proyectos, tiene sentido emplear este método de gestión de proyectos. Tu reto consistirá en definir estos objetivos.

A continuación, se exponen algunos ejemplos:

En la implementación de un nuevo software de contabilidad, un objetivo puede ser que el programa informático se instale en ordenadores X, otro que se enseñe a los empleados Y, y un tercer objetivo que ya se puedan realizar reservas Z.

Una empresa desea cerrar su comedor y que, en su lugar, haya un sistema donde los empleados puedan pedir su almuerzo por internet. Aquí vemos un primer objetivo en la implementación de la página web de los pedidos y de una encuesta inicial en un grupo de prueba seleccionado, otro objetivo en la primera barra del menú y la retroalimentación de los empleados, a continuación, los pedidos satisfactorios por internet, otro objetivo con los primeros pedidos de prueba y los comentarios de los usuarios, y, finalmente, el cambio de un departamento completo a los pedidos en línea.

Los objetivos son más útiles si son cuantificables, es decir, si se pueden expresar con números. Si un software está instalado en 20 ordenadores, pero el objetivo incluyó 30, sabes que tienes un problema. Siempre intenta formular los objetivos con cifras. No obstante, también hay proyectos en los que esto no es posible del todo, como en el objetivo del «sitio web en línea».

7.9 Identificación rápida de problemas

Una herramienta que se usa principalmente en el desarrollo de software, pero también en máquinas y en organizaciones de alto riesgo, es la identificación rápida de problemas (RII, por sus siglas en inglés). Este método consta de tres etapas:

- descubrir
- analizar
- resolver

Se trata de un proceso que se ejecuta constantemente. En el desarrollo de software, por ejemplo, se encuentra un error, luego se analiza qué efectos tiene y, finalmente, se soluciona. En un hospital, por ejemplo, se puede descubrir que la ventilación no está sellada en una zona estéril. Con la RII, es posible que cada empleado descubra el problema y se asegure de que se resuelva. El problema de propiedad descrito anteriormente se puede incorporar, aunque el detector del problema no siempre tiene que liderar el proceso de solución. La RII se sitúa en un nivel superior con respecto al problema de la propiedad y sirve más como un sistema de alerta temprana. Cada empleado debe ser capaz de identificar y comunicar los problemas.

En la gestión del cambio, es particularmente importante, ya que no siempre se pueden predecir todos los efectos posibles por adelantado, a pesar de toda la planificación. Así que puede pasar que te olvides (o simplemente que no sepas) al cambiar de vehículos diésel a eléctricos de que el departamento de tráfico está realizando un cambio a un nuevo sistema y que, por tanto, las nuevas matriculaciones podrían retrasarse unos días. Un empleado lee esto en el periódico y se da cuenta de que el proceso de cambio podría verse afectado, e inmediatamente informa del problema. Ese tipo de situación sería el caso ideal. En resumen, el proceso permite a todos los empleados pensar y estar atentos.

7.10 Lista de verificación de la gestión de cambios

Para tener un poco de ayuda tanto al principio como durante el proyecto actual, a continuación se incluye una breve lista de verificación que te permita centrarte en la visión general.

- ❑ ¿Hay una definición del cambio que se deba hacer?
- ❑ ¿Hay un objetivo claro?
- ❑ ¿Existe un análisis de los beneficios?
- ❑ ¿Hay un análisis del campo de fuerzas?
- ❑ ¿Hay un modelo según el cual debe tener lugar la gestión del cambio?
- ❑ Si es así, ¿cuál?
    - ❑ Kotter
    - ❑ Lewins
    - ❑ McKinsey
    - ❑ Dunphy
    - ❑ Otro modelo
- ❑ ¿Se ha reunido el equipo que debe preparar los cambios?

- ❏ ¿Está la dirección dispuesta a implicarse?

- ❏ ¿Se han identificado los posibles factores impulsores y los impedimentos?

- ❏ ¿Hay un equipo de implementación?

- ❏ Si los cambios se introducen en pasos, ¿estos se describen adecuadamente?

- ❏ ¿Se describen los puntos de referencia para el éxito del proyecto?

- ❏ ¿Existe un proceso para supervisar el cambio?

- ❏ ¿Hay un proceso de implementación?

7.11 Lista de verificación personal

Tú también, como gestor de cambios, siempre puedes preguntarse si tu trabajo ha sido satisfactorio hasta ahora. Esta lista te ofrecerá algunas preguntas útiles para no desviarte del proceso.

- ❑ ¿Mi comunicación es comprensible y llega a las personas a quienes se dirige?

- ❑ ¿Mi equipo es consciente de por qué estamos haciendo este cambio y qué sentido tiene?

- ❑ ¿Proporciono suficiente información y soy lo bastante transparente?

- ❑ ¿Mis empleados tienen toda la información y las herramientas necesarias para el proceso de cambio?

- ❑ ¿Intervengo lo bastante rápido si hay un problema en el equipo?

- ❑ ¿Motivo a mi equipo lo suficiente?

- ❑ ¿Tengo soporte en el proceso de cambio por parte de dirección?

- ❑ ¿Me considero positivo frente al cambio?

- ❏ ¿Comunico satisfactoriamente esta actitud?

- ❏ ¿Escucho lo suficiente a los negativos y críticos?

- ❏ ¿Acepto de manera positiva las sugerencias del cambio y no las rechazo directamente?

- ❏ ¿Transmito competencia y soy reconocido en el equipo como competente?

- ❏ ¿Lidero con el ejemplo?

- ❏ ¿Ayudo a mi equipo para que guíen a otros en el proceso de cambio?

- ❏ ¿Tomo decisiones basadas en hechos?

- ❏ ¿Verifico continuamente cómo se acepta y se aplica el cambio?

- ❏ ¿Estoy preparado para intervenir incluso si el proceso de alarga?

- ❏ ¿Para mí es importante la implementación exitosa o que se logre en el tiempo requerido?

8. Gestión del cambio en proyectos

En un proyecto, especialmente en los que siguen el principio clásico de prelación, el sistema de gestión de cambios es un proceso que describe cómo se realizan las modificaciones en el proyecto en sí. La gestión de cambios regula de manera muy precisa cómo se solicita un cambio, quién lo aprueba, cómo se verifica e implementa, cómo se mide, si fue exitoso y, finalmente, cuántos cambios hay.

Hasta la mejor planificación no siempre será capaz de darse en la realidad. Es la naturaleza de los proyectos por la que estos se modifican. Esto es particularmente visible en la industria del software. Aquí se puede definir el marco de un desarrollo de software y determinar qué requisitos se debe cumplir, pero observarás una y otra vez en el curso del proyecto que algo debe cambiarse. A veces, puede tratarse solo de algo pequeño, como tener que desarrollar primero ciertas partes del programa o las fuentes que deben personalizarse, o de grandes problemas que surjan (como por ejemplo, si los requisitos para un servidor se dimensionaron de forma incorrecta y primero se debe actualizar). Mientras este problema tiene un gran impacto y es bastante raro, su atención debe centrarse principalmente en los pequeños cambios, ya que son los detalles los que ocasionan inconvenientes. Muchos cambios pequeños pueden ralentizar significativamente un proyecto o salirse del presupuesto. Pensemos en un proyecto de construcción: si el cliente tiene la idea de querer tener baldosas pequeñas en lugar de baldosas grandes, esto puede significar que, bajo ciertas circunstancias, o bien hay que volver a arrancar los existentes, o que el trabajo posterior no se puede llevar a cabo hasta que hayan llegado las baldosas nuevas. Por supuesto, esto también influye en los gastos de construcción, pero igualmente en el estado de disposición de los empleados.

Una pequeña lista de verificación puede ayudar a hacer más claro el alcance de un cambio:

- ❑ ¿Cuál es exactamente el problema?
- ❑ ¿Qué influencia tiene en el proyecto?

Análisis

- [ ] ¿El problema es crítico, muy crítico, menos crítico? ¿El cambio es importante, muy importante, menos importante?
- [ ] ¿Qué interfaces, subproyectos se ven afectados?
- [ ] ¿Qué gastos ocasionó el problema?
- [ ] ¿Cuál es el coste del problema si no se resuelve de inmediato?
- [ ] ¿A qué empleados afecta?

Subsanación

- [ ] ¿Cómo debe resolverse el problema?
- [ ] ¿Cuánto tiempo dura el proceso?
- [ ] ¿Qué repercusiones tiene la resolución en otros procesos?
- [ ] ¿En qué gastos se incurre por la subsanación?
- [ ] ¿A qué empleados afecta?
- [ ] ¿Qué partes interesadas necesitan estar al corriente?
- [ ] ¿Quién es responsable de la subsanación?
- [ ] ¿Cuál es el plazo para el cambio?

9. Resumen

Es evidente que un cambio siempre se topará con resistencias y que suele ser inevitable. Por ejemplo, si se fabrica y se compra un uniforme nuevo rápidamente, suele ser difícil y muy molesto persuadir a la gente para que se lo ponga.

Después de leer este libro, deberías comprender mejor cómo se puede implementar con éxito un cambio en una organización. Independientemente del modelo y de los métodos que utilices, todos tienen en común que primero se deben comunicar a las personas a las que el cambio afecte.

Suele suceder que a veces uno está tan entusiasmado con una idea que se va demasiado rápido en la implementación, sin que el proyecto se haya planificado de manera correcta. Una buena planificación te ayudará a ahorrar mucho tiempo y también a tranquilizarte Cuanto mejor identifiques a las partes interesadas y sus necesidades, más fácil te resultará ganártelas para la implementación del proceso.

Cuanto más «delicado» sea el cambio, más importante es. Los cambios delicados son aquellos que afectan la cultura o ciertos procesos de una empresa, así como los que implican una reestructuración en la administración. Cuantas más personas se vean afectadas, más se les deberá prestar atención.

Las tablas y los gráficos mencionados anteriormente pueden ser de gran ayuda y espero que también las listas de verificación que figuran al final del libro. Con esos recursos estarás bien equipado para emprender tu primer proyecto de gestión de cambios. ¡Buena suerte!

Eric Motolinía

Aviso legal

El contenido de este libro se ha investigado a través de fuentes reconocidas y se ha comprobado con la máxima precaución. No obstante, el autor no asume ninguna responsabilidad por la actualidad, la exactitud y la integridad de la información proporcionada.

Se excluyen las reclamaciones de responsabilidad contra el autor, que se refieran a daños de naturaleza física, material o ideológica ocasionados por la utilización o no utilización de la información proporcionada, o bien por el uso de información incorrecta e incompleta, a menos que el autor haya demostrado ser culpable o negligente. Este libro no sustituye al asesoramiento ni a la asistencia médica o profesional.

Referencias

Bjierklie, D. (2006): *The Hidden Danger of Seat Belts*. URL: http://content.time.com/time/nation/article/0,8599,1564465,00.html [Actualizado: 10-04-2018]

Gotts, I. (2017): *The Top 6 Reasons Why Change Fails*. URL: https://medium.com/inside-the-salesforce-ecosystem/the-top-6-reasons-why-change-fails-6a105603eeda [Actualizado: 13-3-2018]

ODI (2009): *Management Techniques: Force Field Analysis*. URL: https://www.odi.org/publications/5218-force-field-analysis-decision-maker [Actualizado: 15-04-2018]

www.ingramcontent.com/pod-product-compliance
Lightning Source LLC
La Vergne TN
LVHW050654200726
843506LV00010B/1518